日本の軽便鉄道
いまも走っている蒸機

「狭軌鉄道」── 線路の幅が狭いというだけで
鉄道がグッと身近かな存在になってくる。

「狭軌鉄道」の車輛は人間の背丈に近い　*1
　　細い線路は等高線に逆らうことがない　*2
　　そしてどこか懐かしく心和ませてくれる。

世界は広い。
いまも走っている「狭軌鉄道」がある
いまも 蒸気機関車の走る姿を見ることができる。

蒸気機関車の走る　世界の「狭軌鉄道」

*1) 線路幅が小さい分そこを走る車輛も小さい。だが、乗車する人間は小さくはできないから、車輛はどこかアンバランスな面白さがある。だから時には、客車の中では向き合って座るお客さん同士のヒザが触れたりして、ココロ和まされる。

*2) トンネルや鉄橋で一直線に結ぶのでなく、自然に逆らうことなく等高線に沿いクネクネと曲がって進む線路は、どこか慎ましやかでココロ和まされる。

自分たちの鉄道をつくり
自分たちの蒸気機関車を走らせ
夢に描いていた「軽便鉄道」を実現する
それは新しい時代の趣味の鉄道
すでに欧米では定着している
鉄道好きヴォランティアによって運営される鉄道
「羅須地人鉄道協会」 成田ゆめ牧場「まきば線」

夢は蒸気機関車の機関士
いつか自分の手で蒸気機関車を走らせてみたい
そのために線路を敷いて
そのために機関車を整備して
描きつづけて… ようやくここで果たせた夢

「羅須地人鉄道協会」自分たちの鉄道

ところ変わって北海道の秘境の町
深い森の中を走る狭い線路
線路の幅は2フィート6インチ（762mm）
かつて森林鉄道で働いた機関車が
みごと甦って「いこいの森」を走る
国産蒸気機関車は1928年製
車齢90年を超える「準鉄道記念物」の貴重品
地元の観光を担ってきょうも走る
丸瀬布「いこいの森」鉄道

日本の軽便鉄道

世界の狭軌鉄道 04

もくじ

● いまも走っている蒸気機関車　　001

● 日本の軽便鉄道その歴史と魅力　　012

● 「羅須」成田と丸瀬布　　019
□「成田ゆめ牧場」羅須地人鉄道協会／2018年「羅須」製の新車／ミニマム級の機関車／蒸機の目を醒ます…／「まきば線」を行く／バックストレート／「S字カーヴ」へ力行／鉄道のハイライト／「羅須」の基地／重連が走る！／後補機も走った！
□北海道丸瀬布「いこいの森」／いつもの準備／一番列車出発／「雨宮橋」トラス／失われた風景／ふたたび鉄橋を／白樺並木／大樹の向こうを／森を往く森林蒸機／木漏れ陽の中

● 保存狭軌機関車に見る　「軽便」蒸機のスタイル　　073
「軽便」蒸機のスタイル／KOPPEL ／ KRAUSS ／ BALDWIN ／ PORTER ／ DOCAUVILLE ／日本車輌／雨宮製作所／立山重工業／協三工業／楠木製作所

● 日本の軽便鉄道　最後の蒸気機関車　　103
軽便鉄道趣味／最後の日の「コッペル」／雪晴れの日に走った5号機／東京近郊に甦った「コッペル」／さよなら「木曽森」の機関車

日本の軽便鉄道
その歴史と魅力

狭軌鉄道すなわちわが国では軽便鉄道、と思われがちだが、正しくはちょっと異なるものだ。そもそも「軽便鉄道」というのは、軽便鉄道法に則ってつくられた鉄道をいう。地方の鉄道敷設を促進させるために、従来の鉄道建設の要件を緩和したものを軽便鉄道法として発令した。それは1910（明治43）年4月に公布、その年の8月から施行されたもので、それまで3フィート6インチ（1067mm：いわゆる国鉄ゲージ）とされた軌間を、それ以下でも可としたほか、収益に対する政府からの補助も約束する「軽便鉄道補助法」も追加された。

というのも、1906（明治39）年に「鉄道国有法」が発令されて、それまで私鉄路線であった東北線、山陽線、九州鉄道線などの幹線をはじめ、17の私鉄を国有化したことから、ほとんどその後に新規に敷設される私鉄はなくなっていたのだ。

「軽便鉄道法」の効果は絶大で、明治の終わりから大正にかけて、ブームといっていいほどに地方で軽便鉄道敷設が盛んになった。すでに開業していた鉄道も補助金目当てに「軽便鉄道」に移行したりして、「国鉄ゲージ」の軽便鉄道も少なからず存在し、一時は、存在する中小私鉄はみんな軽便鉄道、というような状況になってしまっていた。

それを改善するために1919（大正8）年には「地方鉄道法」が制定され、「軽便鉄道法」は消滅した。ちょっと複雑なのは、国鉄においてもこの「軽便鉄道」の規格が採用され、たとえば湧別軽便線や岩内軽便線のように、「軽便線」と呼ばれたことである。それは、この時期に国有化された私鉄にも採用され、仙北軽便線、氷見軽便線などがあった。このうち、国鉄線では湧別軽便線、国有化私鉄では仙北軽便線、魚沼軽便線の3路線のみが2フィート6インチ（762mm）の狭軌で、それ以外はすべて国鉄ゲージであった。しかも、1922（大正11）年4月に「鉄道敷設法」が改正され、それ以降、「軽便」の名は外されることになる。

それからは、次第に狭軌鉄道をして「軽便」と呼ぶことが多くなり、とくに「軽便」末期

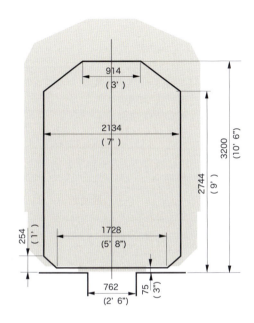

上は大体同じ縮尺で並べたC62とケ91。ボイラーの太さはどれほどちがうのだろう。左は1919年6月に定められた「軽便鉄道」の建築限界。下に敷いたグレイ部分が国鉄ゲージの建築限界だ。

になると廃止を惜しむ気持もあって、「ケーベン」ということば自体がひとつのジャンルのようになってきたのである。

　もう一度まとめておくと、定義としては「軽便鉄道」は軌間に関わらず「軽便鉄道法」に基づいてつくられた鉄道をいうが、法律が変わったりしたのちは一般的に狭軌鉄道を「軽便鉄道」と呼ぶようになっている。

　もちろん本書では狭軌の鉄道としての「軽便鉄道」、それも蒸気機関車に焦点を絞って述べていく。

● さて「軽便鉄道」の魅力とは

　線路幅の狭い「軽便」は基本的に車輌が小さい。しかるに客車に乗る乗客や機関車を運転する機関士など人間の大きさは変わらないから、得てして軽便車輌はアンバランスでユーモラスなスタイリングの持ち主になることが多い。小型車輌は独特の魅力を持っているうえに、そうした形の面白さが加わって、個性が際立つ存在として、強いインパクトを与えることになるのだ。

　車輌だけではない。線路はトンネルや鉄橋で最短距離を結ぶのではなく、等高線に沿っ

1、三岐鉄道 北勢線
2、四日市あすなろう鉄道
3、黒部峡谷鉄道
4、下津井電鉄
5、西武鉄道 山口線
6、尾小屋鉄道
7、越後交通 栃尾線
8、花巻電鉄
9、頸城鉄道
10、井笠鉄道
11、静岡鉄道駿遠線
12、沼尻鉄道
13、仙北鉄道

● 現存狭軌鉄道
● 晩年の軽便鉄道
● 電化軽便鉄道

て山肌をくねり沢を越えて行ったりする。自然に逆らうことなく、むしろ融合していくのだ。駅や機関庫など鉄道施設も身近な佇まいで、ひとつひとつが興味深い。「軽便」は地元に密着したローカルな魅力を突き詰めていった先にあるような存在だ。

　利用する人々も地元の足として、単なる鉄道以上の親しみを感じているようだった。「軽便鉄道」の廃止のシーンに幾度か立ち会ったが、どこも単に鉄道がなくなるという以上の、身近かなものとの別離を悲しむ地元の人たちの熱量の大きさに圧倒されそうであった。いわゆる鉄道ファンではない、一般の人たちが静かに、しかし心の底から別れを惜しんでいる。それは「軽便鉄道」の持つ普通の鉄道以上の密着性にちがいあるまい。傍から見ていても、「軽便」の持つ温もりが感じられる、というものだ。

　鉄道好きに戻って、「軽便」にはそれこそ大きな模型といった感覚があることも主張しておきたい。軽便車輌の持つキャラクターは濃密だ。いや、逆にいうと好きな形の蒸気機関車を並べてみたら、「軽便」機関車が多くを占めているのに驚いた、というところか。コッペル、ポーター、ドコーヴィユ… もちろん国産メーカーも。わが国の軽便機関車をまとめてみて、いまも見ることができる保存機関車をもう一度じっくり観察しに行きたくなったほどだ。それは別項にまとめた。

● 日本の軽便鉄道の歴史
　先の「ブーム」の時期を中心に、ざっと数えてみると70鉄道ほどの蒸気機関車の走る

昭和40年代以降の「軽便鉄道」

鉄道名	廃止年月	前鉄道名　路線区間など移り変わり	蒸気機関車運転
1、三岐鉄道 北勢線	現存	1914年北勢鉄道＞1931年電化＞1944年三重交通＞1965年近畿日本鉄道北勢線＞2003年三岐鉄道北勢線	ごく初期のみ
2、四日市あすなろう鉄道 内部／八王子線	現存	1912年三重軌道＞1916年三重鉄道＞1943年電化＞1944年三重交通内部／八王子線＞1965年近鉄内部／八王子線＞2015年四日市あすなろう鉄道	ごく初期のみ
3、黒部峡谷鉄道	現存	1926年日本電力専用線として発電所建設資材運搬開始＞1951年5月関西電力が専用鉄道譲受＞1953年地方鉄道に＞1971年7月黒部峡谷鉄道	使用歴なし
4、下津井電鉄	1990年12月	1913年下津井軽便鉄道＞1922年11月下津井鉄道に改称＞1949年全線電化下津井電鉄＞1972年3月31日一部廃止＞1990年12月31日廃止	1950年代前半まで
5、西武鉄道 山口線	1984年9月	1950年おとぎ列車＞1972年蒸機導入＞1977年台湾機に交代＞1984年鉄道を廃止して案内軌条式鉄道に	1972～84年
6、尾小屋鉄道	1977年3月	1919年尾小屋鉱山＞1920年横山鉱業部鉄道＞1929年尾小屋鉄道＞1977年3月20日廃止	1970年代
7、越後交通 栃尾線	1975年4月	1915年栃尾鉄道＞1948年電化＞1956年栃尾電鉄＞1960年越後交通栃尾線＞1975年4月1日廃止	1950年代前半まで
8、花巻電鉄	1972年2月	1915年花巻電気＞1921年盛岡電気工業＞1926年花巻温泉鉄道＞1953年花巻電鉄＞1971年岩手中央バス＞1972年2月16日廃止	使用歴なし
9、頸城鉄道	1971年5月	1914年頸城鉄道＞1944年頸城鉄道自動車＞1968年10月一部区間廃止＞1971年5月2日廃止	1966年5月引退
10、井笠鉄道	1971年4月	1913年井原笠岡鉄道＞1915年井笠鉄道＞1967年4月神辺、矢掛線廃止＞1971年4月1日廃止	1950年代中半まで
11、静岡鉄道 駿遠線	1970年7月	1913年藤相鉄道＞1943年静岡鉄道＞1948年静岡鉄道駿遠線＞1964年9月一部廃止＞1968、69年一部廃止＞1970年7月31日廃止	1950年代前半まで
12、沼尻鉄道	1969年3月	1913年日本硫黄耶麻軌道部＞1945年日本硫黄沼尻鉄道部＞1964年日本硫黄観光＞1967年磐梯急行電鉄＞1969年3月27日廃止	1960年代初頭まで
13、仙北鉄道	1968年3月	1919年仙北鉄道＞1950年台風禍で一部廃止＞1964年宮城バス＞1968年3月25日廃止	1950年代前半まで

「軽便鉄道」が存在した。たとえば参宮の足であったり温泉への足であったり、それぞれの目的を持った鉄道もあったけれど、おしなべて地元に根付く小さな鉄道であった。まだ道路よりも鉄道の方が先に発達し、末端の交通機関の役を担っていたのである。

こんにちのように情報の発達した時代ではない。それぞれに地元に密着した、個性的な鉄道がそれぞれの流儀で歴史を刻んでいった。それは当たり前の情景に過ぎてか、たとえば写真のような記録には余り残されることなく過ぎていった。

象徴的なできごとして、国鉄にも軽便線が存在した時期がある。それは1919年に「軽便鉄道法」が新しい「地方鉄道法」に切り替わって間もなくから、軽便鉄道のいくつかを国が買い上げて国有化したのである。つまり地方の鉄道網の充実を図るためで、それは全国で12鉄道に及んだ。注目すべきは、それらは国有化されてほどなく「国鉄ゲージ」に改軌されてしまったことだ。つまり、狭軌鉄道は他の鉄道と交流のない孤立した鉄道としてしか生きる道がない、ということを暗示していたのだった。

ときが流れて、われわれが気付いたときには、軽便鉄道はホンのひと握りが残っているだけであった。いうまでもない、1950年代以降、急速な道路の発達、自動車の進出のなかにあって、ことごとく「軽便鉄道」は消滅していったのだ。残ったわずかの鉄道、それだけ地元に密着して溶け込んでいた、ということも理解できよう。

● いまも走っている「軽便」

現在もいわゆる交通機関として狭軌線路を保っている鉄道がある。三重県内にある2鉄道3路線。いずれも電化された電鉄線となっており、近代的な電車が走っている。とはいえ、ひと回り小さな車体、とくに幅の狭い車体はいわゆる普通の20m級電車とはちがった車内風景、乗り心地を提供してくれる。

第三セクターの「四日市あすなろう鉄道」として現存するのが、三重交通→近畿日本鉄道内部／八王子線として知られるもので、四

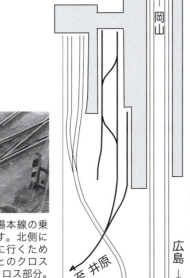

晩年の井笠鉄道と山陽本線の乗換駅、笠岡駅のようす。北側に位置する貨物ホームに行くために狭軌と国鉄ゲージとのクロスがある。写真はそのクロス部分。

三重県にはふたつの狭軌電車が走っている。写真は北勢線の桑名駅近くで見られる狭軌、国鉄ゲージ、標軌の近鉄の3路線。狭軌電車の車内は、コンパクトな印象でいい感じ。

鉄道というにはあまりにもプリミティヴな楽しい狭軌鉄道の車輛たち。上は電気機関車で、左から明治鉱業平山鉱業所（福岡県）、足尾線通洞駅裏にあった軌道、土肥金山で発見した軌道、下は左から清越鉱山のバッテリイ機関車、駒形石灰（栃木県）のディーゼル機関車、鳥取県で発見したディーゼル機関車の廃車体。

日市〜内部、西日野間を結ぶ鉄道。全線でも5.7km、八王子線は内部線日永から分岐、全列車が四日市から終点まで直通する。

　もうひとつも同じく三重交通北勢線、近畿日本鉄道北勢線だったものが、近隣の三岐鉄道傘下に入って、同社の北勢線となっているもの。西桑名〜阿下喜間20.4kmで運転されている。とくに西桑名を出て間もなく、近鉄線、国鉄線をオーヴァクロスするシーンがあるが、そこでは標軌の近鉄、国鉄ゲージの関西本線、狭軌の北勢線の3つのゲージを見ることができる。

　両鉄道とも開業時は蒸気機関車による列車が運転されていたが、早くに電化されたことにより、蒸気機関車は早々に引退してしまっている。

　これとは別に、ちょっと特殊な狭軌鉄道として、黒部峡谷鉄道がある。それはもともとは黒部川の電源開発のための資材運搬用として敷かれたもので、1953年11月に「地方鉄道法」に基づく鉄道として認可。いまでは電気機関車の牽く「トロッコ列車」が観光用に運転されている。

　そうした鉄道とは別に、蒸気機関車の走る線路はいくつか存在する。なかでも機関車の歴史的な価値などを考え、趣味的にも興味あるものとして、ぜひとも紹介したいとまとめたのが本書、というわけだ。

いまも走る蒸気機関車
「羅須」成田と丸瀬布

■「成田ゆめ牧場」　羅須地人鉄道協会

　場所は成田市郊外、圏央道下総インターからホンの数分に位置する「成田ゆめ牧場」。その奥側の第二農園を周回するまきば線と名付けられた2フィート（610mm）軌間の線路がある。いつもは「トロッコ列車」としてディーゼル機関車の牽く列車が運行されているが、その車輌管理なども行ない、そこを基地として活動しているのが「羅須地人鉄道協会」だ。

「45年来の夢のひとつが実現しました」
　2018年5月、自分たちの手で蒸気機関車を新製、お披露目をしたとき、会の代表であり機関車の製作者である角田幸弘さんはしみじみそう語った。そのことばを訊きながら、いくつものことが頭を過った。筆者も感慨深いものがあった。

　「羅須地人鉄道協会」というのは、1973年4月に結成された鉄道愛好者のアマチュア団体。＜私たち愛好者が夢見る蒸気機関車の走る軽便鉄道は、とおのむかしに消滅してしまいましたが、軽便鉄道が織りなす鉄道情景の数々は、残された写真等の記録を通じて私たちの心の中に生きつづけています。それはどこか人間臭く、自然と文明とがしっくりと調和している、心和むあたたかい情景であると、私たちは感じています。「軽便蒸気機関車の走る鉄道情景を再現してみたい」、蒸気機関車を動態保存し、それらを走らせる軽

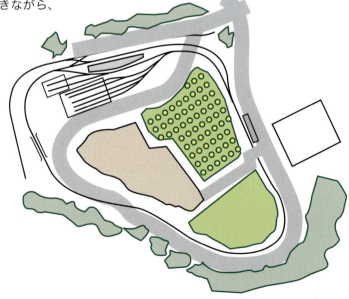

便鉄道を建設することを目標に結成された鉄道愛好者の団体です ＞

　欧米では多く存在するヴォランティア活動による鉄道保存。本シリーズで訪ねてきたものの多くは、そうした愛好家によって維持されている鉄道であった。45年前、それと同じことを発想して「羅須地人鉄道協会」は結成されていたのである。

　「羅須地人協会」の名は宮沢賢治が提唱した農民芸術活動団体の名前から採ったもので、自らの手で理想の軽便鉄道を実現したいという、強い思いが託されている。台湾の炭坑で使われていた3号機を手に入れ、それを維持しながら夢を描いたのであった。

　ごく初期には東京郊外に自分たちで線路を敷く作業を体験するところからはじまったが、1975年からは、同じ線路幅の専用線を持っていたこと、そこで蒸気機関車を使っていたことなどから、糸魚川市の「東洋活性白土」専用線に場所を移す。同社の山田政義社長、蒸気機関車のお守をしていた松沢義男さんなど、趣味人に対する温かい理解があってこそ、の展開である。佳き時代であった。

　1978年には3号機につづいて、同じ台湾の炭坑で使われていた蒸気機関車を2輛、部品とともに購入するが、その下見に行ったのはなにを隠そうS2先輩とイノウエであった。実は結成時からのメンバーリストには、しっかりとイノウエの名前もあったのだ。

　その後、1982年10月には東洋活性白土の会社解散があり、糸魚川からの撤退を余儀なくされる。毎年、5月には地元の人たちを招いて運転会を開くなど、すっかり根付いていただけに残念な結果であった。

　しばらくの空白ののち、1993年暮、「成田ゆめ牧場（秋葉牧場）」に場所を提供してもらうこととなり、1996年春に自分たちの手で500mのエンドレスを開通させた。車庫兼工作所を建設し、機関車や客車をレストレイションしたりしたすえに、ひとつの念願であった自分たちの手で蒸気機関車を製造する、ということが果たされたのであった。

糸魚川時代の「羅須地人鉄道協会」運転会のようす。機関士は当時の「羅須」の中心人物だった故 青山東男さん。

● 2018年「羅須」製の新車

　その機関車には、さらに大きな夢が仕込まれている。この機関車をベースに、蒸気機関車製造を請け負おうというのである。地元の鉄工所、鋳物工場などの協力を得、自分たちでも工作することで、ゼロから機関車をつくり上げた。たとえば蒸気機関車のような格好のディーゼル機関車で運転をしているような施設、また新たに蒸気機関車の鉄道を計画しているところなど、これから蒸気機関車を増やしていけたら、という。

　そのための工夫も凝らされていて、この機関車は石炭ではなくて灯油を燃料としている。それは缶掃除など機関車の保守の手間を大きく軽減しているほか、煤の噴出がない、維持コストが少ないなどいくつものメリットがある。

　この7号機は、明治の機関車として輸入されたポーター社製、上野鉄道5号機を模したものだが、設計次第でいくつもの名機が再現できる。軌間も自由で、国鉄ゲージの機関車もつくってみたい、と意欲満々だ。

ミニマム級の機関車
■ 台湾帰りの3.5t機

　新車である7号機ができるまで、「成田ゆめ牧場」を走る蒸気機関車は、3号機または6号機の2輛であることが多かった。ともに台湾基隆炭坑で使われていた1936/41年楠木製作所製3.5t機。

　もちろん実際に炭坑で働いていた機関車だが、蒸気機関車としては最小クラス。完全なボトムタンク機で、全体の水の容量は200ℓほど。

　この日はディーゼル機関車に代わって、「成田ゆめ牧場」のお客さんを乗せての「営業運転」。機関車をお守りしている鉄道愛好者ヴォランティア「羅須地人鉄道協会」のメンバーも朝早くから張り切っている。

蒸機の目を醒ます…
■ スティームアップ！

　もっとも手の掛かるのりもの、といわれた蒸気機関車。なにしろ「走らせよう」と思ったら、半日も前から整備し、火を焚いて水を熱し、蒸気を発生させねばならない。実際に使われている蒸気機関車は機関庫で休んでいるときもつねに火を絶やさずいた、というのも一度火を落としてしまったら、リスタートまでにえらい時間と手間がかかるからにほかならない。

　ミニマム級とはいえ、そこはホンモノの蒸気機関車。蒸気機関車を眠りから醒ます手順は同じだ。まずボイラーに水を満たし、火室には薪を用意する。着火して火が安定したころを見計らって初めて石炭をくべる。待つこと1時間あまり。その間、機関車の各部を点検して給油したり、磨いたり。

　キャブのなかにある圧力計の針がぴくりと動いた。蒸気が発生しはじめるとあとは早い。ほどなく使用圧力の 5.5kg/cm² に達する。安全弁も吹いてそのことを報せる。

　「じゃあ、いきますか」

　そのむかし、憧れのエリート職業だった蒸気機関車の機関士は、「さあ行こう、俺たちの美しいヤツ！」などと気取ったものだ、という。

　逆転機を前進に入れ、手動ブレーキを緩め、汽笛一声。スロットルを引くと、小さな蒸気機関車はするすると走りだした。

給水も済ませ蒸気も上がり、いち早く準備がととのった6号機は構内を往復して、列車を仕立てる。もう「トロッコ列車乗り場」ではちょっとした列ができて、いまかと列車の到着を待っているのだ。

「まきば線」を行く
■ ただのエンドレスではなく…

　「まきば線」は、時期によって花が咲いていたり、作物が収穫されていたりする第二ゆめ牧場農園、それに「モトクロス場」の外側を一周するエンドレス線路である。模型の好きな人なら、まず手はじめに直線レール2本にひと組のエンドレス線路を購入したところから鉄道模型はスタートしたことを思い起こすだろう。そして、単純な長円のエンドレスではすぐに飽きて、どこかに複雑なカーヴをつくりたくなったりしたはずだ。

　鉄道が好き、もちろん鉄道模型も好きな「羅須地人鉄道協会」が敷いた線路は、単純なエンドレスではない。ちょっとしたSカーヴがあったり、上り勾配があったり、山や谷はないけれど線路と情景を巧みに調和させた「軽便」っぽい線路である。

　毎週末を線路敷設に費やして4年あまり、ようやく完成した線路をJRなどを手がける保線のプロが視察。見るに見兼ねて、改修したり手助けしたり、いまでは「羅須地人鉄道協会」の有力メンバーになってくれている、という逸話もある。

　「ガラスハウス」という飲食施設のまえに設けられた乗降ホームを発車した列車は、踏切を越え、白い柵に沿って右にカーヴしていく。野菜畑を見ながら、左側に並木が近づいてくるとSカーヴしながら上り勾配。機関車も煙を上げ、少しばかりの力行を見せてくれるのだった。

バックストレート
■ 木陰のひんやりが…

　なにが植えられているのだろう、きれいに畝がつくられている第二ゆめ牧場農園を右へ右へとカーヴ。太陽の光線がちょっとまぶしくなった頃に木陰のバックストレートに突入する。サワサワと揺れる樹々の下、ひんやりとした風が心地よい。
　ウッドのベンチがあるだけのフラットカーは開放感満点。石炭の芳ばしい薫りも漂ってきて、まさしく蒸機軽便の味だ。いいな、せいせいするな、思わず口をついて、ことばが洩れる。

「S字カーヴ」へ力行
■ 小さな機関車の迫力

　わずか3.5tのミニマム級とはいえ、やはりホンモノの蒸気機関車だ。ときに見せる迫力はなかなかのものがある。

　直径400mmという小さな動輪、ワルシャート式ヴァルヴギアをめまぐるしく働かせて、勾配に向け速度を落とすことなく力行をつづける。ドレインを切りながら、パッパッと切れ味のいいドラフト音。「6」というナンバーが一瞬キラリと輝く。

　ゆっくりと向きを変えながら、進む機関車。長くたなびく煙が力闘の跡を描いている。

鉄道のハイライト
■6スパンの木橋

　鉄道情景のハイライトのひとつは、やはり鉄橋を渡るシーンだ。のどかな平坦地につくられた「まきば線」は、もともと鉄橋が必要な地形ではないのだが、「やっぱり橋は欲しいよねえ」というところからはじまった、いかにも趣味、模型鉄道的発想の産物、である。

　つくられたのは、6スパンの木橋。いうまでもなく、立派な鉄橋は「軽便鉄道」に似つかわしくない。そこは心得たもので、木材を使った、情景にマッチするティンバー・トレッスルが登場した。木橋の建設には1年半ほどを要したという。新品の枕木を使用して、もちろん「羅須地人鉄道協会」会員の手づくり。

　あくまでも外観重視の木橋だから、強度保持のためにはしっかり鉄骨が仕込まれているそうで、構造的には本格的なものだ。

　「まきば線」を周回する列車は、モトクロス場を横に見ながら勾配をのぼり切った先、この鉄道にとってのハイライト・シーンである木橋にさしかかる。この絶景を楽しんでもらうかのように、心持ち速度を落として通過していく列車。カメラを構える汽車好きは、ファインダー越しにそのダイナミックなシーンを堪能し、乗客たちはそれに応えて手を振ってくれたりする。

「羅須」の基地
■ 鉄道好きの合宿所

　木橋を過ぎて右にカーヴする内側には「羅須地人鉄道協会」の基地である建物が並ぶ。当初は二線の機関庫だったものが、作業のために寝泊まりできるような「合宿所」などが増築され、基地としての機能を発揮するようになっている。

　新たに五線の線路を擁する車庫がつくられ、もと井笠鉄道の客車や頸城鉄道のラッセル車なども、車庫内に収められるようになった。2003年には立派な「ダブルクロス」ポイントが設けられたり、いい雰囲気を持つ島式のプラットフォームなどもでき、軽便鉄道の基地という様相をどんどん高めている。かつてわれわれが憧れた井笠鉄道の鬮場車庫や頸城鉄道の百間町車庫といった軽便の基地が、ここ「成田ゆめ牧場」の一角に再現されつつあるかのよう。

　この基地を通過した列車は、腕木式信号機の下をくぐって、出発点のトロッコ列車乗り場へと戻るのだった。

039

重連が走る！
■３号機＋６号機

「よし、重連を走らせよう！」
　まるで模型機関車を走らせるかのように、この日の午後の列車で、素晴しい重連運転が実現された。
　本務機は６号機、その前に補機として３号機が就く。２輌の蒸気機関車は汽笛の合図で会話を楽しむように走り出す。勾配区間に掛かると単気二声、「ポ・ポ」と力行を促す。意気込み盛んな３号機は安全弁を吹いているほど。
　パワーの見せどころを過ぎて木橋に掛かると「ポーッポ・ポ」と絶気合図。それに応えて６号機も同じく「ポーッポ・ポ」と呼応する。
　楽しそうだなあ、鉄道建設から機関車維持から、日頃の苦労を忘れさせるご褒美の時間のような気がして、見送るわれわれも楽しい気分にさせられた。

後補機も走った！
■ 本務6号機、後補機3号機

　平トロッコをなん輌もつないで、こんどは3号機を後補機にして走ることになった。基地前のダブルクロスを使って機関車を入換え、3号機は列車の後端に就く。間に列車を挟むから運転はちょっと難しい、という。
　そうはいってもすっかり慣れたもの。上り勾配区間では、しっかり後補機もパワーを出している、といわんばかりに煙を吹き上げてぐいぐい後押しをする。乗客もときどき後を振り返って、3号機の補機奮闘振りを眺めてくれる。
　汽笛の合図もすっかり板に付いて、楽しく「まきば線」を周回するのだった。

■ 北海道「丸瀬布いこいの森」

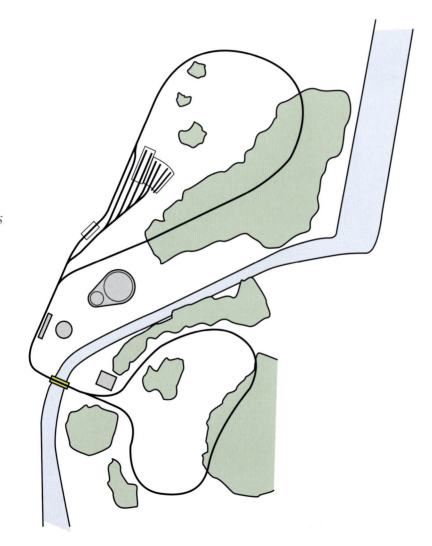

　北海道の丸瀬布、いまでは遠軽町に合併され「町」としての名前も残っていない。2005年10月1日の合併前には510km²という広大な面積のなかにわずか2000人あまりの人が暮す。その丸瀬布の名前が強く印象づけられているのは、ひとつ、小さな蒸気機関車のおかげであった。

　大半が森林地帯というこの地に文明の利器たる鉄道が敷かれたのは大正末のこと。旭川から遠軽を経て、北見と結ぶ石北線が計画され、1927年10月にようやく丸瀬布～遠軽間が石北東線として開通した。すでに旭川から線路を延ばしていた石北西線、また湧別軽便線から改軌して湧別線となっていた遠軽～北見間を編入して石北線としたのが1932年10月。網走本線だった北見～網走間も加えて、よく知られる石北本線になったのは、ずいぶんと時を経た1961年4月である。

　森林開発が石北線建設の目的のひとつであったことから、石北線の工事に引きつづき森林鉄道の工事も進められ、早くも1928年7月には木材輸送がはじめられている。丸瀬布には大きな貯木場がつくられ、丸瀬布貯木場～ムリイ国有林内間25.9kmはムリイ幹線と呼ばれたが、それは北海道庁拓殖部林務課が行なった「官行斫伐事業（かんこうしょくばつじぎょう）」ということから、地元では「カンコ（官行）の汽車」と親しまれた、という。

開業に合わせ蒸気機関車が3輛発注された。それは少し遅れて部品状態で到着、丸瀬布で組立てられた。いうまでもない、そのうちの1輛が、いまの「雨宮21号」になる雨宮製作所製のCタンク機関車であった。新製時には同じ林務課の管理する順に18～20号機と付番されたが、のち1947年4月に農林省林野局の管轄となった際、もと19号機が21号機に改番。その時点で北見営林局丸瀬布営林署所属となった。前年、白滝村とともに遠軽町から分村、丸瀬布村に、さらに1953年10月に丸瀬布町になっている。

　ところで丸瀬布というのは、アイヌ語のマウレセブ、3つの川の集まる広い場所から生まれたのだそうで、同じくムリイは草のあるところというような意味だという。武利意と書いたり、のちの町名から武利と書いたりするが、ここではムリイでつづける。

　ムリイ幹線として開通した森林鉄道は、伐採場所に向けて数多くの支線を延ばしたほか、北側に向けて上丸瀬布森林鉄道も建設。ムリイ森林鉄道は60.5km、上丸瀬布森林鉄道14.0km、合わせて森林鉄道は85km近くにも及んだ。蒸気機関車も12輛を数えたが、ディーゼル機関車の導入、森林事業の衰退などで1961年には21号機による「さよなら運転」で幕を閉じた。森林鉄道自体も1963年には終焉を迎えている。

　「さよなら運転」後の21号機は、奇跡的に廃車解体を免れ、丸瀬布営林署で保管されることになった。一時は群馬県の「林業機械化センター」で保存との話もあったが、地元の愛着は大きく、1976年5月には丸瀬布町に譲渡されることとなる。動態化に修復のうえ、1979年5月には「いこいの森」へ、3年後に完成した線路で運行を開始した。線路は「8の字状」に敷かれており、駅を出た列車は「雨宮橋」でムリイ川を渡って対岸を一周、ふたたび橋と駅を通過して、こんどは機関庫、車輛格納庫脇を通過。武利ダムを遠くに見ながら緑のじゅうたん、さらには緑に溢れた樹々の間を走って駅に戻る。それぞれの区間で多彩な情景が楽しめる。

　なお主役である21号機は、2004年10月には「北海道遺産」、2009年2月には経済産業省の「近代化産業遺産」、2012年10月には「準鉄道記念物」に指定されている。

いつもの準備
■9時30分「いこいの森」

　朝、丸瀬布の駅から道道1070号線を15分ほど。左側に白樺の並木の向こうに緑の屋根、白い壁と木材の北海道らしい建物，それが機関庫であった。

　ちょうど扉が開き、21号機が出てくるところであった。すでに蒸気は上がってきている。いったんバックで出庫して火床整理ののち、こんどは前進してポイントを通過、前後に動いて列車を仕立て、こんどは駅まで回送していく。

　運転が開始されてからもう35年以上、すっかりルーティンになっているいつもの作業なのであろう。淀むことなく、わずかの時間ですっかり準備が整えられたのであった。

050

一番列車 出発
■ 21号機の汽笛が谺する

 「駅」としか書かれていないけれど、「雨宮21号」駅というのだそうな。駅の脇にはこの機関車の説明文があるほか、主役である「雨宮21号」の名前が至るところに登場する。ウッドでつくられた21号機のあるベンチやチケット売り場のとんがり屋根に21号風見鶏などを発見して、嬉しくなったりしたものだ。
 スピーカーから間もなく列車が発車するというアナウンスが流れる。10時00分、緑濃い辺りの山やまに汽笛が谺した。一番列車の出発、である。

「雨宮橋」トラス
■ ムリイ川を渡って

　21号機の走る「いこいの森」の線路のハイライトというべきはムリイ川を渡るトラス橋だろう。駅を発車した列車は直線でダッシュしたのち、90°左に向きを変えて、踏切を通過すると鉄橋を渡る。「軽便」には似つかわしくないほど立派に造られた鉄橋。大した振動音も立てずに通過していく。

　なんでもそのむかし、ムリイ幹線は、普通は木材でつくったティンバー・トレッスルが多い森林鉄道にあって、鉄製のガーダー橋を使っていた、という。それを再現したのか、格好のいいトラス橋はまさしくハイライト、撮影ポイントなのであった。

　「いこいの森」の対岸側にはキャンプ施設などもあり、そのため歩道付のクルマの渡れる橋もある。緑に包まれた森のなかは、まさしく「いこいの森」に来たことを実感させてくれる。

　橋を渡ってすぐに線路はふたつに分かれ、列車はスプリング・ポイントで左側に分岐して森の中に入っていくのだった。

失われた風景
■ いまはなき「Sカーヴ」

　2016年、「いこいの森」を豪雨が襲った。いつもは美しいムリイ川が泥水を含んで氾濫。周囲の樹木もろとも線路が押し流される災害に遭う。

　緑の樹々をバックに美しいSカーヴを描く情景は、お気に入りのひとつだった。2年を経過した2018年7月、復旧工事終了を目指して重機が作業中のなかをひと足先に開通した線路が敷かれている。樹々が失せ、茶色い地面が露出した景色は、いっそう緑が貴重なものと気付かされるのだった。

　右と下の3点の写真は、工事中の2018年6月に撮影したもの。もう復旧工事も終盤になっていて、大方のようすは見えていたが、列車で通過する以外は「立入り禁止」だった。完成後は、ゴーカートやローラースケート場、はたまた「第二オートサイト」と呼ばれるキャンプ施設などが復活開場する予定だ。

　左の、かつての写真を見るだに、失ったものの大きさを思う。こののちの安全とふたたび緑が戻ってくることを祈る次第だ。

ふたたび鉄橋を
■ 駅に向かって快走する

　さっき渡っていったのとは逆向きに、ふたたび鉄橋を渡って駅に戻ってくる。「8の字状」の線路のちょうどクロス部分にあたるのだ。
　この日の編成はテンダー代わりに石炭を搭載した運炭用のトロッコにつづいて、もと木曾森林鉄道で使われていた「B14」客車、それに運材台車を利用したとおぼしきオープンの客車が連なる。
　この「B14」客車は木曾森林鉄道の通学列車「やまばと」の増結用に使われていたもの。さらに遡れば、北見営林署で使われていたのが、木曾に移籍したものだった。いってみれば、北海道に里帰りしたわけで、面白い縁を感じてしまう。
　さらにいうならば、茶色だった木曾時代からいまの二色塗り分けに変更されているが、この塗色、木曾森林鉄道のディーゼル機関車を思わせる塗り分け。誰かが指示して、この色になったのだろうか。訳知りの結果だとしたら、鉄道好きにはたまらない好配慮と感心させられてしまう。
　これは閑散期の編成だそうで、夏休みなどの混雑時には、もと井笠鉄道の木造客車が2輛編成で使用される。また、以前は木材を載せた運材台車が連結されることもあった。
　いずれにせよ、しっとりとした「軽便」らしい編成は21号機に相応しく、好もしいものだ。

緑の樹々をバックに、ほどよくエイジングされた感じのトラス橋。そこを走り抜けていく21号機が、よく磨き込まれているのが一段と際立って見える。
　橋を渡って踏切を抜け、右にカーヴすれば駅を通過して、この鉄道の第二ステージへと進んでいくのだった。

白樺並木
■ ポイントを渡って

　駅を通過すると、ちょっとトリッキイな線路を走る。まず機関庫につづく線路から右に別れて並行する側線に入る。そのまま真っすぐいくと、静態保存されているもと台湾製糖の機関車などが並ぶ車輛格納庫に行ってしまう。そこを左に枝分かれして機関庫を貫通した線路に沿う。そしてその先で、機関庫からの線路にサイディングで合流してしまうのだ。

　まったくどちらが本線なのだか… 白樺並木がつづく気持のいい景色を横に見ながら、21号機は少し力行する。

　右側の庫には、もと井笠鉄道の木造客車が待機しているのを確認しつつ、ポイントを渡って進む。

大樹の向こうを
■ 気持のいい情景

　一気に視界が開けた。緑のじゅうたんの上を懐かしい石炭の薫りを漂わせながら蒸気機関車が走る。こんな気持のいい情景、どれほど憧れていたことか。この日、北海道では時ならぬ30℃を超えるカンカン照り。大きな樹の影がなんとも涼し気だ。
　草原の端に座り込んで、大樹の向こうを通過していく21号機の牽く列車を眺めていた。澄んだ空気は、遥か向こうを走る蒸気機関車の吐息まで風に乗せて伝えてくる。
　この気持のいい情景を忘れたくない。この情景に逢いたくて、遥々、この丸瀬布の地にやって来た。

森を往く森林蒸機
■ これぞ「いこいの森」

　平原を半周すると、列車は緑のトンネルに入っていく。これぞ「いこいの森」。列車に乗ったままの森林浴。樹々の間を抜けてくる空気は新鮮でどこかおいしい。それに芳ばしい石炭の匂いが加わるのだから、蒸気機関車好きにはたまらない。
　この区間には登り勾配もあって、21号機は少しばかり力を込める。

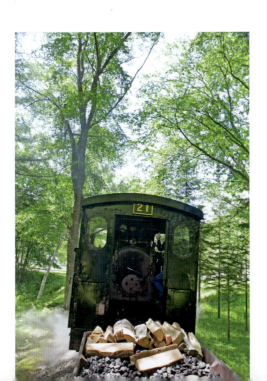

木漏れ陽の中
■ 最終コースを力行する

　気持のいい森のなかの途はつづく。リヴァース状になった線路の最終コースを、21号機は力行する。さわさわと鳴る樹々の間を吹き抜ける涼しい風を受けながら、切れ味のいいドラフト音とともに駆け抜けて行く。

　右に作業所など、左に郷土資料館の建物が現われ、その間を走ってふたたび本線に合流すると、振り出しの出発駅はもうすぐだ。

　21号機に牽かれて、トラス橋を渡り、キャンプ場の周りを一周して、こんどは広い草原と深い森のなかを行く。そんな長い旅ではなかったのに、いくつもの印象深い情景を味合わせてくれる丸瀬布「いこいの森」。やはりホンモノの蒸気機関車の旅はいいものだ。そんなことを改めて思わせてくれた。

　貴重なひととき、であった。

軽便蒸機のスタイル
保存狭軌蒸気機関車

「軽便鉄道」というとその主役の蒸気機関車として「コッペル」の名前が挙がる。わが国に輸入された数はおおよそ450輌、そのうちの80％近くが軽便用といわれる（臼井茂信著「蒸気機関車の系譜」交友社刊）から、軽便鉄道や専用鉄道に貢献した力は偉大、といえよう。反面、機関車趣味の先輩方は「軽便歩けばコッペルにあたる」と軽んじることも多かった、というほど。蒸気機関車晩年の「デゴイチ」状態だったのだ。

そういう意味では、コッペルのように軽便鉄道に長けたメーカーもあるが、基本的にはわが国で輸入された世界的にメジャーな機関車メーカー、ブランドがそのまま軽便用蒸気機関車も送り込んでいる。

ご存知のように、わが国の鉄道は黎明期から長く英国式で展開した。「一号機関車」をはじめとして、機関車も英国製蒸気機関車が大勢を占めた。少し遅れて、北海道はアメリカ式、九州は製鉄所の関係もあってドイツ式ではじまった。いずれにせよ、軽便鉄道が普及するのは1910年に「軽便鉄道法」が施行されてからのことだから、それ以降に輸入されたものが多い、ということになる。思いのほか英国ブランドの軽便蒸気機関車が少ないのはそのためだろう。

それにしても、ブランドの個性は機関車にもよく現われているものだ。いまもその貴重な機関車が各地で保存され残されている。「いまも見られる蒸気機関車」を例に挙げながら、日本に輸入された軽便蒸気機関車の各ブランドを紹介していきたい。

● 英国製軽便蒸気機関車

先に述べたように、英国製の蒸気機関車は本線用の主力機がほとんどで、軽便用はごくわずかである。小型機を得意とするメーカーも少なくないのだが、そのなかから、バグナル社製では逆サドル・タンク（ただしくはインヴァーテド・サドルという）が特異なケ97、ケ98になる佐世保鉄道の11、12号機や青梅鉄道2、4号機など、はたまたカー・ステュアート社製の上野鉄道1〜3号機や青梅鉄道1号機、エイヴォンサイド社製の仙北軽便鉄道1〜4号機、のちの国鉄ケ190〜193などが挙げられるのみ。

英国では、ピーコック社製の狭軌蒸気機関車なども見掛けたが、わが国に輸入されたのは、どちらかというとマイナーなブランドのみであった印象だ。

● 米国製軽便蒸気機関車

明治も後半になると、大型機を得意とする米国ブランドがどっと押し寄せてくる。基本的に輸送量はどんどん大型化していくから、その担い手として強力大型蒸気機関車が次々に輸入されたのだ。だから、小型の軽便用機関車は意外と少なかったりする。

世界一の量産メーカーとして名高いボールドウィン社にしても、森林鉄道用機関車や軍隊用機関車に存在感をみせるものの、一般の軽便鉄道用機関車はそんなに多くはない。竜ヶ崎鉄道1号機やのちに国鉄ケ600になる赤穂鉄道13号機など、好もしいスタイルの機関車はあるが、数としてはボールドウィンらしくない。

　ポーター社はボールドウィンと較べると、ずいぶん幅広く対応している感じがある。なにしろ、最初に送り込んできた「弁慶」クラスなど、基本的には軽便用といっていいようなサイズだったのだから。

　軽便機関車としては羅須地人鉄道協会が自製蒸気機関車のモデルに選んだ上野鉄道5号機から、仙北鉄道3号機、王子製紙苫小

海外で出遇った「お国柄」の出た軽便蒸気機関車。左上は英国カー・ステュアート社製で、わが国には青梅鉄道1号機などを送り込んできた。その下は米国ヴァルカン社製のサドル・タンク機。右上は典型的な「コッペル」。右下はドコーヴィユ製の小型機。こんな機関車もつくっていたのだ。英国製以外はスペインで撮影。

牧工場専用線1〜3号機など、それぞれが異なる個性のポーター社製として、好もしい機関車はいくつも思い浮かぶ。「いまも見られる機関車」として採り上げた王子製紙苫小牧工場専用線4号機は、そのポーターのまったくのコピイ機。

橋本鉄工所は北海道は小樽にあったメーカー。1918年11月に創業して、のちに東亜金属／東亜車輛と変遷し、1940年代末までに50輛ほどの製造実績を持つ。大半は狭軌の林用軌道用機関車であったが、初期のCテンダ機関車は特徴的なものであった。といってもそれは橋本鉄工所の個性が出ていた、というのではなく、米国ポーター社製機関車のコピイだったのである。

いずれにせよ、米国製機関車はどこか豪快な印象が漂っているものだが、それは「軽便」というより「ナロウ」と呼びたい類だった。

● 「コッペル」「クラウス」…

コッペルは最小クラスの4t級の10PS型から、小型の部類に入る西大寺鉄道1〜3、4、5号機、そして大型の15t級、90PS型の国鉄ケ200形、14t級、70PSの沖縄県営鉄道6〜8号機まで、いろいろなタイプが送り込まれている。

海外で、日本的なスタイルのコッペル機を見付けては、それこそ木造客車などを牽いて走るシーンを夢想してしまうことがなんどもあった。それほど、軽便鉄道のスタイルの典型であった、ということであろう。

スタイリング的にはお馴染みではなかったのだが、後年、保存用に台湾経由で日本にやってきた、もと台湾製糖の機関車がある。レストランの看板代わりに使われていたりしたほか、晩年の西武鉄道山口線では動態で活躍したものだ。

もうひとつのクラウスは、実は伊予鉄道系とでもいうべきBタンク機に代表されている感があるが、上野鉄道2号機、下津井鉄道12号機など、コッペルに相通じる個性の持ち主も存在した。

● その他のドイツ製軽便蒸気機関車

すっかりコッペル、クラウスに独占されてしまったかのようだが、ドイツ製の機関車にはその他のブランドも存在した。ヘンシェル社はときにコッペルと見紛うばかりの小型機

1977年シーズン〜西武鉄道山口線で使用するために台湾製糖から輸入されたコッペル社製のC1タンク機。現在は丸瀬布「いこいの森」で静態保存されている。

関車を送り出したりするが、沖縄県営鉄道1〜4号機などは、わが国におけるヘンシェル社製の白眉というものかもしれない。

ほかにアーノルド・ユンク社製の鞆鉄道3、4号機、下津井鉄道13号機などは、いかにも軽便鉄道らしい情景の主役として貴重な写真も残されている。日出生鉄道1号機などはハノマーク社製の機関車として記憶されるものだが、もちろん現存はせず、書物のなかで想像を巡らすだけだ。

● 欧州ブランドはまだまだ

これ以外の国からの輸入機関車もいくつか存在する。スイス・ロコ社（ウィンターツール）はいくつか私鉄→国鉄に送り込んでいるが、のちに国鉄ケ215になる軽便機が最初のスイス製機関車であった。

しかしそれを上回る一番の変わり種はベルギーのコッケリル社であろう。軽便用のみわずかに2輛、そのうちの1輛が井笠鉄道9号機として残され、「いまも見ることができる蒸気機関車」となっている。といっても、前所有者であった釜石製鉄所時代に大改造を受け、輸入当初の特異なスタイリングはまったく失せている。

● ほかに国産機関車も…

一見「ポーター」と思わせるサドル・タンク機が山口県下松市役所前に保存されてい

る。実は1907年、石川島造船所製とされるもので、長く下松工業高校に保存されていた。1981年に動態に整備され、各地で運転が披露されたりしたが、現在はガラス張りの車庫で保存されている。上は2007年に開催された「大鉄道博」（江戸東京博物館）で展示されたときの同機。

上はめずらしいベルギーのコッケリル社製Bタンク機。井笠鉄道9号機として井原駅に保存されているが、前所有の釜石製鉄時代に大改造されて、原型の面影はない。下は石川島造船所製というBサドル・タンク機。下松工業高校の手で動態に復元され、現在は下松市役所前でガラス張りの車庫に保存中。

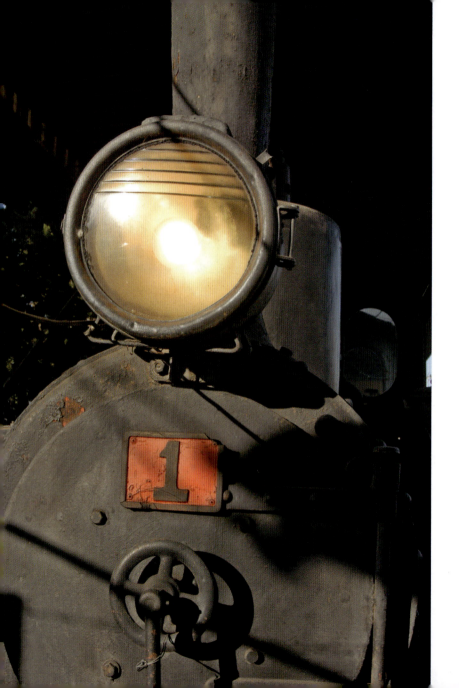

KOPPEL

■ 井笠鉄道1〜3号機

「コッペル」ということばは、そのまま日本の「軽便鉄道」の機関車を表わしているようなところがあった。さらにいうと、最後まで同型3輌が残っていたことから、コッペルといえば井笠鉄道1〜3号機に代表されることが多かった。開業時に3輌の同型機を揃え、それを閉業時まで大切に残していたことは素晴しく、特筆に値することにちがいない。

形態的には、アマノジャクということもあるのかもしれないが、井笠鉄道の1号機をしてコッペルの典型のようにいわれることについては、少しばかりの異論を唱えたくなる。というのも、井笠鉄道の1号機はサイドタンク増量などのオプションが付いているようなもので、それが本来の「コッペル」らしさをスポイルしている。海外の鉄道などで好もしい「コッペル」のいくつかに遭遇したあとは、いっそうその思いが強い。

しかし、そうはいっても1913年製、佳き時代の50PS型Bタンクのコッペル機。端正な姿を残したまま3輌ともが保存されているのは嬉しい限りだ。現在は3輌とも安住のようだが、2号機と3号機は保存時に車体が入れ替って、「池田動物園」にあるのが本当は2号機、「新市クラシックゴルフ」にあるのが3号機である。

井笠鉄道（岡山県）の開業時に購入されたコッペル社製1～3号機は、全機がしっかり保存されている。上は、笠岡市山口のもと新山駅にある「井笠鉄道記念館」の1号機。ホハ1、ホワフ1とともに展示。下が2号機で広島県新市町の「新市クラシックゴルフ」にホハ12とともに保存。中は岡山市の「池田動物園」にある3号機だが、実は2号機と3号機はナンバーはその通りだが、保存時に入れ替っている。「池田動物園」は914mm軌間の西大寺鉄道の客貨車が一緒で、線路は別々なところが面白い。

モノクロ2点は頸城鉄道本社前（新潟県）に保存されていた当時の頸城鉄道2号機。現在は、もと百間町で「くびきのお宝のこす会」によって保存、整備されている。公開日は要チェック。

KOPPEL
■ 頸城鉄道2号機

　わが国の「コッペル」、しかも晩年にまで残っていたなかでもっとも人気だったひとつが頸城鉄道の2号機だ。井笠鉄道の1号機などと同じ50PS型、ホイールベース1400mmながら、Cボトム・タンク機、アラン式ヴァルヴギアなので、足周りが引き締まった印象を与える。1966年、引退を前にして「特別運転」が行なわれたのを雑誌等で見て、実に羨ましく思ったものだ。

　その後、頸城鉄道本社前に保存されていたが、のち、1970年代になって動態に復帰。西武鉄道山口線で運転されたのを夢中で追い掛けたのは別項にまとめた。

　現在は頸城鉄道に戻り、「くびきのお宝のこす会」が中心となって、もと頸城鉄道百間町で保存活動が行なわれている。

井笠鉄道の7号機は廃車後解体を免れ、一時は姫路市郊外の畑にあったのち、くず鉄屋のヤード（右ページ下）など転々としたのち、長野県野辺山の「野辺山SLランド」で展示されていた。同館閉館後は移動することになる。

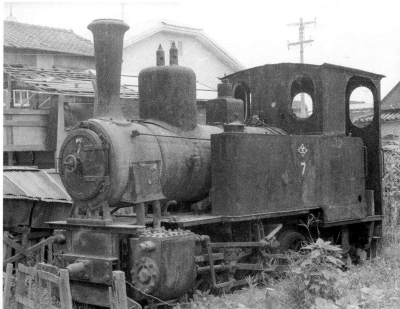

KOPPEL
■ 井笠鉄道7号機

　1～3号機、3輛のコッペル製Bタンク機関車で開業した井笠鉄道は、1922、23年にひと回り大型の「コッペル」、60PS、12t級のCタンク機を2輛増備する。それは、堂々たるスタイリングの機関車で、6、7号機の番号が与えられた。長く井笠鉄道の主力機として、列車牽引に活躍したが、ディーゼルカーの導入により、1961年10月に廃車が宣告された。保存された1～3号機、9号機とは別に7号機は解体されることなく、その姿をとどめた。

　といっても、畑の前で放置されていたり、その後はパチンコ屋の看板代わり、くず鉄屋のヤードなどを転々としたものだ。最終的には野辺山（長野県）の「野辺山SLランド」で保存展示されていたが、同館は2018年8月で閉館してしまい、7号機は別の場所で保存される予定だ。

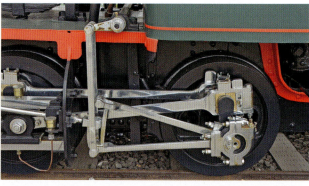

KRAUSS
■ 伊予鉄道1号機

　ドイツのもうひとつのブランドというべきクラウス社は、旧九州鉄道が輸入した機関車でわが国に足跡を印すことになるのだが、そのうちの1輛が齢80年を超えて生きながら得たことから、「クラウス17号」として話題を呼んだりした。いかにも「ドイツもの」らしいクウォリティを持つ機関車で、1866年の創業以来、堅実な機関車づくりは世界的にも名が通っている。

　九州鉄道によって広まったクラウスだが、輸入第一号は軽便機、それも四国に上陸したものであった。1888年に製造されたご存知「坊っちゃん」機関車である。のちのち10輛が揃ったほかに、周辺の道後鉄道や別子銅山にも導入され、一部は転籍、一時は伊予鉄道に15輛ものクラウス社製Bタンク機関車が揃ったのであった。

　比較的大きな動輪には外側スティヴンソン式ヴァルヴギアが複雑に取り付き、一方、細いボイラーに似つかわしくないほどの「サンフラワー型」煙突付のものもあって、個性を振りまいていた。

　1号機が整備復元して「梅津寺パーク」、他に本社前などにレプリカを製作保存している。さらには地元の米山工業が動態のレプリカ（1067mm軌間）をつくったほか、伊予鉄道市内線ではディーゼル機関車の「坊っちゃん列車」を2001、02年に各1編成つくり、運転して人気を得ている。

左ページは「梅津寺パーク」（愛媛県）に保存される伊予鉄道1号機とそのメッキが輝く足周り。上は伊予鉄道本社前に保存のレプリカ。下は、新たにつくられた動態蒸機と市内線で人気の「坊っちゃん列車」スタイルのディーゼル機。

BALDWIN
■ 置戸森林鉄道3号機

　世界一の蒸気機関車メーカーといえば、なんといっても米国ボールドウィンの名をあげねばならない。フィラデルフィアに本拠を構え、1832年から1956年まで、ディーゼル機関車、電気機関車を含め7万輌以上もの機関車製造実績を残している。正式社名は時期によって変化するが、ボールドウィン（BLW）の名前と独特のスタイリングは世界中にすっかり定着している。

　わが国にも、それこそ主力機関車となるような機関車が数多く輸入されているが、大型機が中心で軽便用蒸気機関車は意外と少ない。わずかに太田鉄道、小坂鉄道などなどを数えるだけだが、目を転じると夥しい数の軍用機関車、それに林用軌道にけっこうな数のボールドウィンが存在していた。木曾森林鉄道のボールドウィンが有名だが、それ以外にも北海道を中心に相当数が進出。それは従輪1軸を持つB1リア・タンク機関車で、地域によっていささかの個性はあったけれど、どれもが火の粉噴出防止のバルーン型煙突を持つ独特のスタイリングを備えていた。いまでも、木曾森林鉄道の1号機のほか、2輌が林業の現場で保存されている。

　北見営林局の置戸森林鉄道3号機が沼田市の「林業機械化センター」、温根湯森林鉄道2号機が秋田市の「仁別森林博物館」に静態保存。

群馬県沼田市の「林業機械化センター」に保存される置戸森林鉄道3号機。下は同型の温根湯森林鉄道2号機を1970年代に秋田市「仁別森林博物館」で撮影したもの。

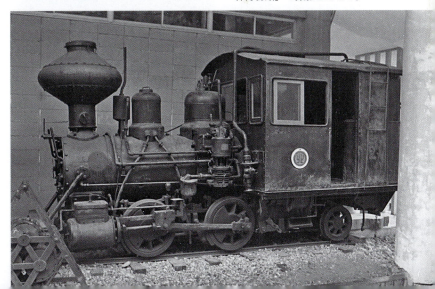

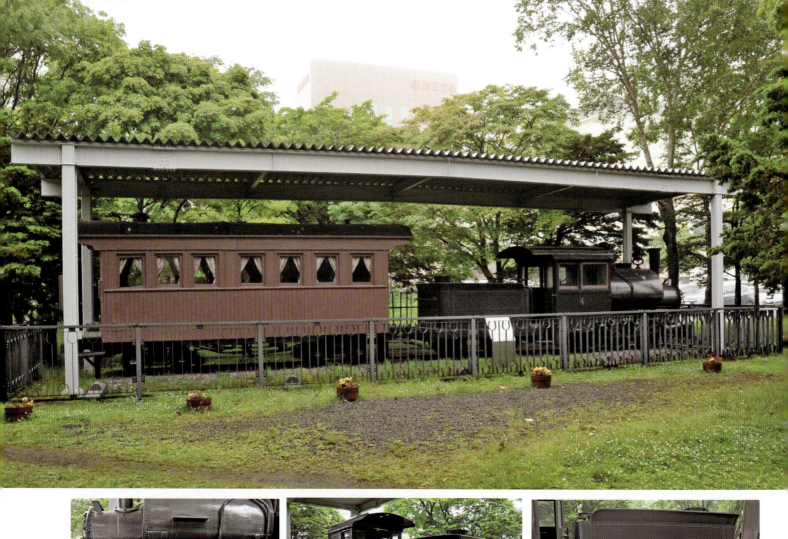

PORTER
■ 王子製紙苫小牧専用線 4 号機

　米国のポーター社は「弁慶」などで知られるが、豪快なボールドウィンに対して、線の細いどちらかというとユーモラスなスタイリングが見られ、軽便愛好者に人気がある。前掲の「亀の子」もそうだが、たとえば仙北鉄道 3 号機、のち国鉄ケ 500 形になる日高軽便線の C テンダー機など、好もしい機関車をいくつもあげることができる。

　なかでもこの王子製紙苫小牧専用線の 4 号機は、北海道の橋本鉄工所製とはいえ、まさしくポーターのコピイ。しかもサドル・タンクを持つテンダ機関車という特徴的なスペックの持ち主だ。Φ559（1 フィート 10 インチ）径の小さな動輪は第一〜第二動輪間 813mm（2 フィート 8 インチ）、第二〜第三動輪間 762mm（2 フィート 6 インチ）という不等間隔で、主動輪はフランジレス。大きな窓の鋼体化されたキャブをはじめとして、ポーターらしさをことごとく備える。

　東京で長く保存されていたが、1996 年に地元、苫小牧に移転。東京時代にはなかった二軸のテンダーも新調された。

このページのモノクロ写真は 1960 年代に東京、王子にあった「製紙博物館」に保存されていた当時の 4 号機。テンダーはなく、鐘は博物館内に保存されていた。左は地元、北海道苫小牧市に保存されている現在の姿。テンダーも新調されている。

DOCAUVILLE
■ 東洋活性白土専用線１号機

　長く「ドコービル」と呼ばれてきたが、もう少し原語に近づけてドコーヴィユ、その通りフランスのメーカーである。ドコーヴィユの特徴は機関車にとどまらず、線路を含むシステムにあった、という。つまり、鉄製の枕木と組立て済の、ちょうど模型鉄道の線路のようなものが用意され、それをつなげていくことで迅速に線路を敷設し、輸送システムまでつくりあげることができた。河川工事など、大いに利用されたのであった。

　そこに使われる蒸気機関車はこれまた特徴的なスタイル。輸入された真性のドコーヴィユ社製は２輛のみだが、システム、機関車もろともに国内でコピイされたりもした。

　軽便好きにはお馴染みの東洋活性白土専用線には、予備機として車庫のなかに納められたままの機関車があった。それが謎の「ドコーヴィユ」スタイル。短いホイールベース、外側台枠、ベルベア式火室、四角いキャブなど、唯一前方が傾斜している逆サドルのようなサイド・タンクが異なるだけで、条件は揃っている。

　この機関車も、いまは「成田ゆめ牧場」にあって、レストレイションの途上にある。

「ドコーヴィユ」スタイルのもと東洋活性白土１号機。現在は右上のように羅須地人鉄道協会の手でレストレイションの途上にある。

上は日本車輌のメーカープレート、下は十勝鉄道のマーク。ドームの横腹にも「日車」のマークが入る。当時の客車とともに、地元の釧路に保存されている。

日本車輛
■ 十勝鉄道4号機

　蒸気機関車をはじめ、鉄道車輛メーカー大手として日本車輛の名前は広く知られる。数多くの国鉄制式機関車をはじめとして、1919年から1966年まで1770輛あまりもの蒸気機関車を製造している。

　興味深いことに製造第一号は軽便向け、しかも謎めいた機関車として話題になったりもしている。その機関車はコッペルに似たスタイリングのBタンク機関車であったが、それにつづいて初めて量産したのが1920年に北海道製糖に向けてつくった4輛のCタンク機関車だ。日本車輛風というようなスタイリングの片鱗がすでに表れており、なかなか興味深い。大手国産メーカーのつくった軽便機という点でも貴重である。

　もともとは北海道製糖が原料であるビートの運搬などに使っていた専用鉄道であったが、地方の交通機関として利用したいという地元の要請もあって、1924年に十勝鉄道が設立された。さきの4輛のうち3輛が十勝鉄道3～5号機として移管され、混合列車の先頭に立った。

　そのなかの4号機が地元、釧路に保存されている。リヴェット打ちの四角いサイドタンクやキャブの開口部などが日本車輛らしい部分だ。蒸気溜などに「日車」のメーカープレートが、その存在を主張している。

帯広市「トテッポ通」と愛称されるもとの線路跡に保存される4号機。いい雰囲気の「思い出の小径」。

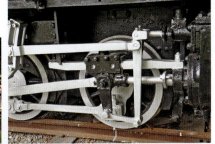

雨宮製作所（大日本軌道）
■ 国鉄ケ90、ケ91

　雨宮鉄工所は1907年11月に設立されるが、その中心人物、雨宮敬次郎は豪快な実業家として知られている。

　まずはのちの中央線となる甲武鉄道にはじまり、川越鉄道など鉄道経営にも意欲的であった。甲武鉄道が国有化されたこともあり、例の「軽便鉄道法」ができる前から、地方に狭軌の小鉄道を経営していた。1908年には大日本軌道を設立して、それらを小田原、熊本、静岡、伊勢、広島、浜松、山口、福島支社としてまとめるのだ。

　自らの鉄道で使用する機関車をはじめとして、製造部門を大日本軌道鉄工部とする。1911年7月のことだ。この年に雨宮敬次郎が没したこともあって舵を失うのだが、第一次大戦後の小型機関車需要に応えるべく、1919年に新たに雨宮製作所として再スタート。1930年代早々に消滅するまでに400輌近くの蒸気機関車を送り出した。

　別項「雨宮21」号より遥かに小型の6t級Bタンク機が2輌、もと東濃鉄道から国有化されて、ケ90、ケ91となって保存されている。ケ90の方は開腹状態だ。そのほかに、「小坂鉄道レールパーク」（秋田県）の小坂鉄道11号機、南大東島の大東製糖2号機が雨宮製の保存機関車だ。

もと東濃鉄道が国有化されて、その機関車はケ90、ケ91という国鉄型式をもらった。下のケ90は名古屋市金城埠頭の「リニア・鉄道館」、ケ91は浜松市の「堀留ぽっぽ道」に保存。

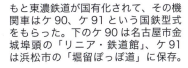

立山重工業

■ 尾小屋鉄道5号機

　機関車としては、いかにもムダのない産業用機関車を多くつくってきたメーカーらしい1輌。立山重工業はその名の通り、立山連山を遠望する富山市にあったメーカー。もともとは本江機械製作所として1934年に設立、1943年に増資のうえ立山重工業に改称した。本江機械時代にも200輌ほどの小型蒸気機関車を製造、全体では500輌近くを送り出している。

　代表的な機関車として、国鉄B20形15輌を製造したことで知られるが、多くが工事用や産業用の小型タンク機関車であった。

　B20形がそうであったように規格型の機関車を量産するのが得意で、尾小屋鉄道の機関車も「C、15t級」に分類される規格型。1941年製の3号機、1947年製の5号機が納入されている。3号機は1958年に廃車。産業用機関車ということで、いささか味気はないけれど、残されている蒸気機関車というだけでも充分に貴重な存在だ。

　本江／立山の機関車というと小さ目の動輪に高い台枠、サイドタンクなどが特徴的であったが、尾小屋鉄道5号機はバランスよくまとまった印象。ほかに立山重工業製機関車としては、「藤枝市郷土博物館」（静岡県）に静岡鉄道B15号機、「釜石鉄の歴史館」（岩手県）に富士製鉄釜石209号機などが保存展示されている。

もと尾小屋鉄道尾小屋駅跡につくられている「小松市立ぽっぽ汽車展示館」（前「石川県立尾小屋鉱山資料館」）に、キハ3、ホハフ7とともに保存展示の5号機。左ページは現役晩年の姿、尾小屋にて。

協三工業

■ 東洋活性白土専用線2号機

　国内のメーカーが手を引いた後、協三工業は蒸気機関車を新製できる唯一のメーカーとしてその名が知られた。そもそもは1940年、福島市に設立されたメーカーで、第二次大戦中の1942年から蒸気機関車の製造に乗り出したが、最後に名乗りをあげたメーカーともいわれた。製造実績は180輌ほど。

　「最後のメーカー」という点では、東京ディズニーランドをはじめとして、遊覧用の機関車の製造依頼が相次いだ。1974年8月「愛知こどもの国」向けに2輌、1985年7月「むさしの村」、1987年4月「やながわ希望の森公園」、1987年10月「グリーンピア二本松」といった具合である。2013年には「那珂川清流鉄道保存会」向けにも1輌新製している。これらは、すべてが規格型6t、Bタンク機。それは、1982年まで実際に使用されて人気だった東洋活性白土専用線の機関車に似た近代的なスタイル。汽車好きの趣味的な観点でいうと今ひとつだ。

右はトロッコを推進して積替え駅に向かう東洋活性白土2号機。下右は2007年「大鉄道博」に展示された姿。現在は「フォッサマグナミュージアム」（新潟県）に保存展示中の2号機。下左は2013年製「那珂川清流鉄道保存会」101号機。

楠木製作所
■ 羅須地人鉄道協会 3、6 号機

　大阪にあった楠木機械製作所は 1914 年に工場を開設。1918 年から戦後間もなくまで、140 輌もの蒸気機関車を製造したといわれる。多くは「コッペル」風であったり「ドコーヴィユ」風であったりしたが、最小型の 3.5t 機は楠木オリジナルとして設計されたものだった。線路状態のよくない炭坑、土木工事などで使用できるよう軽量小型につくられたもので、610mm 軌間、φ400 の動輪、800mm のホイールベースを持つ。ロッド類の一部が丸棒であったり、完全なボトム・タンク式であったりという特徴がある。

　国内だけでなく、満州や台湾に送られたものも多く、この 3.5t 機は台湾の基隆炭坑で使われていたものだ。もともとは出入り口もなく、ポーターなどと同様、機関車後部から出入りするタイプだったが、長く使われるうちにキャブには出入り口が設けられ、サイド・タンクも追加されるなど多くの改造を受けていた。1971 年に 3 号機、1978 年に 6 号機を逆輸入、3 号機は国鉄小倉工場で、6 号機は松任工場、羅須地人鉄道協会自身の手でレストレイションされた。

　左は台湾基隆炭坑時代の 3.5t 機。改造されてサイド・タンク、キャブ後妻板付になっていた。右は日本に来てからの姿で、6 号機と 3 号機。3 号機は一時、グリーン塗色だった。

しっかりと手入れされて動態で活躍中の楠木製作所製 3 号機と 6 号機。タンクなども撤去され原型に近い姿に。3 号機は以前はグリーン塗色だった。

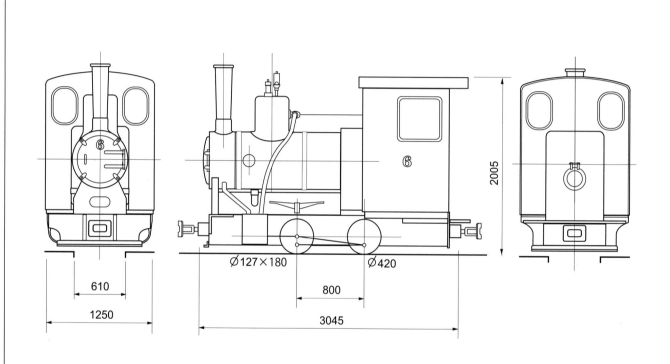

羅須地人鉄道協会6号機　　1/43

日本の軽便鉄道
最後の蒸気機関車
その終焉の記録

そもそもの原点は、このトロッコだったそうな。じいさんの背中に負われて、岡山県を流れる旭川の工事用トロッコを見に行くのが半ば日課のようだった、という。丸い窓の運転台、らっきょう煙突の小さな機関車が、トロッコを牽いて川に架けられた橋を往き来していた。
　そんな話をじいさんに訊かされていたのを憶えていたから、一枚の写真に釘付けになってしまったのはある意味当然であったかもしれない。それこそ衝撃が走り、喰い入るようになにかを思い起こそうと見つめつづけたものだ。それは「軽便趣味」の先達、牧野俊介さんの撮られた写真、「自転車に抜かれたコッペルたち」（プレスアイゼンバーン、1980年刊）の中の一枚。のちのち、牧野さんにお目に掛かり、氏の軽便鉄道や名のないトロッコなどに寄せる思いなどを訊かせていただき、大いに感激した。ここに掲げた写真は牧野さんに対するオマージュ、である。

● 「デゴイチ」よりも「ケーベン」
　「旭川のトロッコ」ののち、家族で東京に移り住んだ。そこでも、電車に乗りたくてわざわざ隣町の幼稚園に通ったという少年が、小学校に上がってカメラを手にするや、最初の鉄道趣味行動をとる。
　いつだったか、帰郷した折のことである。親戚回りなどに飽きていた甥っ子を見兼ねてか、写真を撮りに連れて行ってやろうかと誘ってくれた人が現われた。親戚内で随一の趣味人間だった叔父が、新車を手に入れて走りたかったこともあったのだろう。ちょうど「三重連」が地元の新聞などで話題になっていた時期らしい。それを見に連れ出してくれたのである。
　早朝に市内を発って「布原」で三重連を撮影し、さあ、こんどはどこへ行きたい？　と訊いてくれる叔父に「井笠鉄道！」と即答。芸備線に行くか、それとも足を伸ばして山陰線に行こうか、などと思っていたところに意外な答だったようだ。「デゴイチ」よりも「軽便」を見たがる甥っ子を連れて、井笠鉄道の沿線を走ってくれたのだった。
　その後、鉄道写真、鉄道模型にのめり込んでいっても、どこか軽便鉄道への思いだけは消えることがなかった。確かに「デゴイチ」とはちがう魅力が、軽便鉄道には漂っていた。地元との密着性、小型車輌の面白さ、それになにより自然に逆らわない線路の風情など、親しみのある身近な鉄道というのが軽便ならではの魅力ポイントだ。
　しかし、気付いたとき、井笠鉄道にしてもすでに蒸気機関車は引退して久しく、夢に描く「軽便」情景はすでに過ぎ去ってしまっていることを知った。もう蒸気機関車の働く軽便鉄道はわが国に存在しない。いくつかの思いが過った。

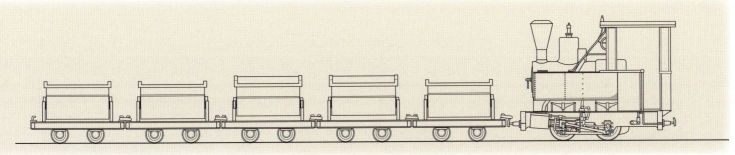

● 残された軽便鉄道を求めて

　遅きに失したとはいえ、残っている軽便鉄道を精力的に追いかけることをはじめた。

　ローカル線と同じで、軽便鉄道などは列車本数も少なく、交通の便もよろしくない。鉄道に乗ってしまえば外からの写真撮影はできず、いきおい、クルマを手に入れてからの機動力が頼みになった。

　だが、考えてもみれば図々しい話で、われわれ世代でさえクルマを使うのだから、地元の小さな交通機関としての軽便鉄道など、生きのびていける筈もない。そうした変革の時代のタイムラグで、われわれ世代の鉄道趣味は進んできたと、いまになって思ったりする。

　雰囲気のいい軽便鉄道として通った、井笠鉄道、頸城鉄道が1971年に相次いで廃線になる。いてもたってもいられず、ひとりクルマを走らせて、岡山に向かった。最後の日、というのは哀しいもので、すっかり親しくさせていただいていた鉄道現場の人だけでなく、地元の多くの人たちが無理矢理別れを告げられるようすは、いたたまれないようなものであった。

　一枚でも多くの記録を残しておこうとクルマを走らせたものだが、その後の後片付けやら回送列車など追い掛ける元気はなく、その日のうちに夜を徹して帰京してしまった。あまりにも刺激の大きい若き日のことは、忘れられないものとなった。

岡山県の旭川河川工事に使われていたドコーヴィユ・タイプの機関車の牽くトロッコ。牧野俊介さんの撮影した写真をもとに、制作したもの。牧野さんに対するオマージュ。イラストは図面をもとに描いた1920年、内務省大阪土木出張所光立寺機械工場という工場でつくられたドコーヴィユ機関車のコピイだという。

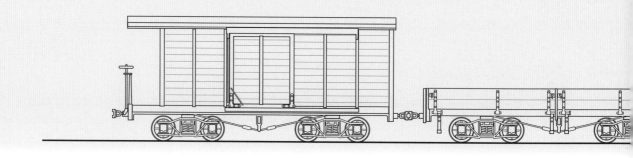

　その1ヶ月ののちには、もうひとつの故郷のような軽便、頸城鉄道も廃線になる。先の井笠鉄道のこともあり、お別れの飾り付けを見ただけで、とうとう廃線当日に立ち会うことなく帰ってきてしまった。
　頸城鉄道が廃線になったすぐ翌月には、函館本線でC62重連を追い掛けていた。それも最後の年、感傷に浸っている暇などない、鉄道変革の時代なのであった。

● 文化としての蒸気機関車
　そうするうちに、蒸気機関車を惜しむ声の高まりを受けて、「復活運転」も行なわれたりする。折しも「鉄道100年」、1972年のできごとは、記録しておくべき嬉しいできごと、になった。
　交通機関としての役は終えた軽便鉄道であったが、文化遺産という新たな使命とともに、軽便蒸気機関車が走りはじめたのだ。

　それが、現役時代は見ることができず、先輩の撮った写真などに時代の境を恨めしく思っていた、頸城鉄道の2号機だったのは幸せというほかはなかった。しかも、あの懐かしい井笠鉄道の客車を牽くという。
　いうなれば、本書の企画テーマでもある、残された狭軌蒸気機関車の走る鉄道、そのわが国での草分けというものであった。

● 趣味の世界は永遠に…
　もうわが国には存在しない軽便情景を求めて、海外に蒸気機関車の働く狭軌鉄道を追掛けはじめた。しかし、世界的に蒸気機関車の時代は終わりを告げようとしていた。旧い資料を持って巡った先は、多くが「oou（アウト・オヴ・ユース：使用しておらず）」状態であったが、残された機関車であったり、いくつかの現役の狭軌蒸気機関車に遭遇できたりして、それなりの成果を得た。

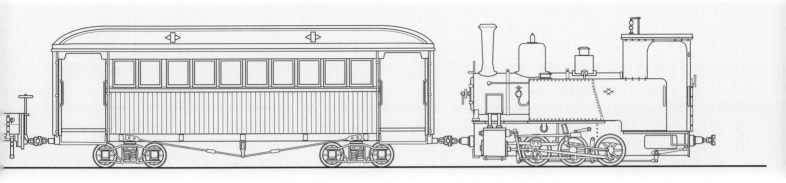

　そうこうするうちに、新しい活動も生まれ出した。自分たちの手で、蒸気機関車や狭軌鉄道を残そう、ときには建設していこうという愛好家の活動である。すでに欧米では広く根付いており、本シリーズで採り上げてきたいくつかの鉄道もそうしたヴォランティアの運営であったりする。

　「羅須地人鉄道協会」はわが国のそうした活動の草分けのひとつである。青山東男さんを中心に軽便鉄道建設を志してきた。現在の代表である角田幸弘さんは当時から若手メンバーとして、精力的に立ち働いていた。別項でもちらと書いたが、不肖イノウエも当初から参加させてもらってはいたが、どうにも仕事が忙しい年頃となって、いつしか遠ざかってしまった。

　それでも糸魚川時代も年2度ほどの例会以上の回数通ったし、いまでも気持ちだけは「羅須」のつもりでいる。

　「成田ゆめ牧場」をベースにひと通りの展開をみせ、2018年には新たな蒸気機関車を自製するというプロジェクトも実現した。しかし趣味の世界は永遠だ。さらなる目標に向かって進むとともに後進に伝えることもせねばなるまい。新たな発展も期待される。

わが国にあった軽便列車の理想のひとつとして描いた、井笠鉄道7号機の牽く列車。ホハ1系の木造客車に、ホト1＋ホワ2が連結されている。下はもうひとつ、牧野さんへのオマージュ。鞆鉄道の列車だが、こういう道端を走る軽便鉄道に大いに憧れたものだ。

1971年3月
最後の日の「コッペル」

　振り返ってみると、この日がすべてのきっかけのようになったかもしれない、といまになって痛感する。なん年か前、岡山の叔父に連れて行ってもらって以来、帰郷のたびに時間をつくっては、井笠を訪ねていた。
　ディーゼルカーが木造の客車を牽いてのどかに走る。鉄道とその周辺だけはちがう時間が流れている。永遠のオアシスのような感覚がある井笠鉄道だったから、廃止になることなどとても信じられないことだったのだ。
　免許を取得して間なし、初めてひとりで700kmを走って岡山に着いた。廃止を数日後に控えて、いつも「ここだけは時間が停まっている」と感じさせてくれていた鬮場車庫も雰囲気がちがっていた。1号蒸気機関車が表に出され、手入れがされていた。
　「最後の日にはこれを走らすけぇな」
　機関区のヌシ、いつもお世話になっていた高橋三郎さんも忙しそうに立ち働いておられる。塗装も半分剥がされ、サイドタンクなど一時、グリーン塗色になっていた。これは似合わん、のひと言でふたたび黒に戻され、煙突に白が入れられるなど、化粧に余念がなかった。この1号機を先頭に、ホジ1＋ホワフ3＋ホハ1＋ホジ3＋ホジ7という6両編成で笠岡〜井原を「さようなら列車」が往復する、という。
　それを追って、懐かしい道を往復した。

化粧を整え、日の丸をかざした1号機関車を最後尾に、井原に向け「お別れ列車」が回送された。10時、井原駅で閉業式が行なわれたのち、11時15分笠岡行発車。19.4kmをゆっくりと走った「お別れ列車」の到着を待って、13時から笠岡の井笠鉄道本社での式典。復路は14時38分、笠岡発井原行で運転された。

　それにしても最後の日の沿線は、すべての人が井笠鉄道に対する惜別の気持ちで埋め尽くされていた。日頃、あまり使うこともなかったであろうカメラを持ち出し、忘れたくない情景をフィルムに焼き付けていた。

　このページの写真は鬮場発の回送列車のようす。左は北川駅でのポートレイト、右下は前ページと同じ場所での回送列車。

1971年3月末を以って、その鼓動を停めてしまった井笠鉄道だが、懐かしさは後からこみ上げてくるもののようだ。それまでずっと鬮場の車庫の中にいた1号蒸気機関車。どうしても走る姿を夢想したくて、一度など煙突内部で「バルサン」（燻煙殺虫剤というそうな）を焚かせてもらった。

　「ははは、蚊がおらんようになってええわ」
　と高橋さんはわれわれのイタズラを笑いながら許してくださった。「お別れ列車」では後のホワから煙が送られて、1号機関車は推進されていた。

　廃線後も幾度となく鬮場車庫を訪問した。最後の日の飾り付けが残ったままの客車があった。車内にもモールや万国旗など丁寧な飾り付けがされているのを初めて知った。最後の日は「お別れ列車」を追いかけるのに夢中で気付かなかった。

　なくなってから思い起こされることの多さ、大きさに、また井笠鉄道を懐かしむのだ。

1972年3月
雪晴れの日に走った5号機

こんにちのように「SNS」で情報が即時に拡散するような時代ではない。この時もどなたからだったか、それこそ「蒸機が走るみたいだよ」という風の便りの情報をもとに、なにはともあれ行ってみるしかなかった。

それにしても、何時にどこで、というのも知り得ていない。まずは始発駅である新小松駅に出向いて、そこで蒸気のあがった5号機を見付け、本当だったんだ、と胸を躍らせたのだった。

尾小屋鉄道の5号機、先輩たちには「あんな規格型の機関車、軽便らしさに乏しくて…」などといわれ、あまり注目されていなかった機関車だ。だが、われわれにとっては最後に残る貴重な「現役」の軽便蒸気機関車。選り好みをいう余裕などなかった。なにはともあれ、軽便の蒸気機関車が走るとあっては、それだけで駆けつける価値は充分であった。

新小松駅で機関士さんにコトの次第を訊くことができた。なんでも撮影のための特別列車で、西大野駅から3駅先の金平駅までの間をなん往復かするのだ、という。雪晴れの気持ちのいい日、撮影ポイントを求めて先回りするのであった。

久々の運転に、機関士さんは朝から急がしそうに準備に取り掛かっていた。あまりに久しぶり過ぎて、勘を取り戻すのに時間が掛かったりしなかっただろうか。側で見ながらそんなことが気になった。

西大野でトフが追加されて、トフ1+ワフ3+ホハフ3+ホハフ8という編成を組んだ列車は、いささか近代的ではあるけれど、まさしく軽便晩年の蒸機列車という雰囲気で、なかなか好もしいものであった。蒸気機関車が走る軽便鉄道シーンを、ずっと目に焼き付けておきたいものだ、と思った。

雪に蒸気機関車はよく似合う。朱色とクリームの新しめの客車もこんな日には、なかなかいいものであった。

尾小屋鉄道の線路に沿って走って行く。先にいくに連れて雪は深く、白い世界へと変わっていった。自然のまま、手つかずの銀世界。そのなかを軽便蒸気機関車が走る。いつ登場するか解らない列車を待つ間も、いろいろなシーンを想像して苦にはならなかった。

　思い返してみれば、特別運転とはいえ普通に走る軽便蒸気機関車の姿は、これが最初にして最後の経験。撮影ということもあってか、力行する軽便シーンは貴重だった。

1972年秋
東京近郊に甦った「コッペル」

　思いつづけていれば願いは叶うというものだろうか。全国で廃止されつつあった蒸気機関車に注目が集まるなか、おりしも「鉄道100年」ということもあって、突如1972年6月、夢のようなことが実現した。

　それは、東京近郊、埼玉県所沢市を走る西武鉄道山口線を舞台に行なわれた、蒸気機関車の復活運転。それもあの大好きな「コッペル」が復活するという、まさしくDreams come true、なのであった。

　西武鉄道山口線は1950年に、蓄電池機関車によって運転される遊戯施設「おとぎ列車」として開通した。翌年9月には開園した「ユネスコ村」まで線路を延長、さらには設備を整えて地方鉄道に格上げされたものだ。762mm軌間、3.7kmの路線。そこに、蒸気機関車が登場したのだ。

　それも嬉しいことに、機関車は頸城鉄道2号機に白羽の矢が立てられ、頸城鉄道自動車本社前に静態保存されていたものを国鉄長野工場に持ち込んで動態に復元。少し遅れて9月には井笠鉄道の客車が加わり、頸城の機関車が井笠の客車の先頭に立つという、夢のような組合せが実現したのであった。

　しかし、正直にいうならば、その頃のわれわれは、すぐに駆けつけるどころか、なかなかそこに行くことができないでいた。ひとつに、忙し過ぎたのである。国鉄線から恐ろしい勢いで蒸気機関車が消えつつあった。ローカル線、地方鉄道などは線路ごと消滅しそうであった。それを追いかけることに精一杯で、余裕がなかったのだ。振り返ってみればこの年、北海道と九州にそれぞれ2回、ほかに山陰、北陸、和歌山、長野なども行っている。全部クルマで、だから時間だけでなく、フィルム代ガソリン代、すべてに余裕がなかったのである。

　保存運転というからには、こののち、いつまでも変わることなく残っていてくれるにちがいない。優先順位を考えたら、まず目先の消えゆくものが先、だったわけだ。

　足を運ばせてくれたきっかけは、井笠鉄道の客車。頸城と井笠の取り合わせは、まさに夢。そのむかし、それこそ学校の遠足以来のユネスコ村。凸型の蓄電池機関車がセミオープンの客車を牽いて走る「おとぎ列車」の線路に、憧れの蒸気機関車、客車は本当に走るのだろうか。

　どこか夢見心地で山口線を目指したことを憶えている。

西武鉄道山口線には2カ所の信号所が設けられていた。そこで蓄電池機関車の牽く「おとき列車」と交換することもあった。ちゃんとタブレットを交換して、「軽便鉄道」らしさを見せてくれた。日が暮れる頃、前照灯を点した最終列車がやってきた。香ばしい石炭の薫りを残して走り去っていった「コッペル」2号機の牽く列車、なにか、夢のなかのような情景、幻のようだった。

　ちゃんと写真は撮れるのだろうか、そういうポイントはあるのだろうか。そんな心配がウソのように、夢中になって走り回る半日を、なん回繰り返しただろう。
　実現した夢は、永遠につづいて欲しいと願ったものだが、台湾からやってきた機関車に代わり、さらには新交通システムになって、鉄道そのものが消えてしまった。あの素晴らしい情景はどこへ。
　思い返しても、なんだかすべてが幻だったような気さえしてしまう、そんな夢のような日々だったのだ。

1975年5月29日
さよなら「木曽森」の機関車

　国鉄の蒸気機関車が営業線から消滅したのは、1975年度末のことである。もう数えるほど、それも北海道など遠方にしか残っていなくなった時期、わが国最大にして最後に残された森林鉄道、「木曽森林鉄道」がついに命脈を絶つことになった。その最期の日には、残されていた蒸気機関車を走らせて有終の美を飾る、という。

　それまで道路が通じておらず、まさに外界から閉ざされた秘境であった滝越地区にも林道が開通、クルマを駆使して最期の森林鉄道を追い掛けた。ボールドウィン社製、独特のプロポーションの1号機関車は美しく整備され、「お別れ列車」に組込まれた。

　王滝本線上松〜田島間で運転された列車は、DBT10型ディーゼル機関車＋1号機＋B型客車（大中3輛）。基本的には次位に連結されていた1号機だが、集材ポイントであった鬼淵ヤードから上松までの間などでは先頭に立ち、文字通りの主役をつとめた。

「お別れ列車」の終着近く、鬼淵の鉄橋では1号機関車が先頭に立ち、静々と渡ってみせた。それまでの道中でも、ディーゼル機関車の次位に連結され、ときにもうもうたる煙を吐いて、蒸気機関車時代を思い起こさせてくれた。

「お別れ列車」とシンクロするようにして、並走したりした。手が届きそうなすぐ脇をボールドウィンが走っている。ディーゼル機関車の力を借りているとはいえ、もうもうと煙を上げて走るシーンは、大した迫力だった。
　だが、そうした機関車よりも、心に残ったのは沿線の人々の姿であった。式典のあった上松は、それこそメディアをはじめとする多くの人で埋まっていた。空にはヘリが飛び、特別の日であることを思わせた。だが、ひとつ奥に行ってみると、そこでは静かに終焉を見届ける人たちが、それぞれに列車を見送り別れを惜しんでいるのが印象的であった。

左は「お別れ列車」の往路。
1号機が安全弁を吹いている。

「お別れ列車」は、DBT10型を先頭に1号機＋客車3輛を中心に、先導車、後尾車などで構成されていた。ディーゼル機関車に守られていたとはいえ、1号機はもうもうと煙を吐き、かつての勇姿を思い起こさせた。右のような、誰もいないシーンもあり、前もってロケハンしていた甲斐もあって、大きな収穫だった。

大きな火の粉止めのバルーン・スタックに、リア・タンク式のB1タンク機関車。そのプロポーションは個性的だ。晩年の大きな炭庫を背負った薪焚きの独特のスタイルから、初期の形に近く改造されていたが、個性的であることには変わりなかった。この日、綺麗に飾られた1号機をバックにあちこちで記念撮影が行なわれていた。

集まった子供たち、もうすっかりオトナになった彼らが、旧いアルバムのなかにこの日の写真を発見したらどう思うのだろう。蒸気機関車といったら対岸の中央線を走る「デゴイチ」ではなくて、このボールドウィンを思い出すのだろうか。

「特別仕立ての狭軌蒸気機関車」、軽便とはちょっと異質の1号機を思うのだった。

日本の軽便鉄道紀行
（あとがきに代えて）

思い返してみれば、あっという間に軽便鉄道も、蒸気機関車も消えてしまったような気がする。確かに、その最後の数年間は夢中になって線路端に立っていた。

ちょうどその時間に「いい年頃」であったというのは、なによりも幸運であったかもしれない。もちろん、先輩たちの写真を見ては、ああもう少し早く生まれていれば…と繰り言もいう。だが、免許を取ってクルマを手に入れ、それを存分に活用して軽便鉄道やローカル線を効率よく記録できたのは、なによりも大きな成果を得た、と自認する。

本書の井笠鉄道も木曾森林鉄道もクルマを駆使して自身で撮影したものだ。

1982年10月、糸魚川にあった東洋活性白土の解散を前に、長くお世話になった松沢義男さんと。写真提供：鵜飼泰宏。

もちろんディジタル・カメラもオート・フォーカスもない時代だ。レンズだって、超望遠も超ワイドも、高性能ズーム・レンズなど望むべくもなかった。いま持っている機材は、みんな軽便鉄道も蒸気機関車も消滅してから手に入れたものだ。

鉄道趣味に邁進しはじめた頃、機関車研究の第一人者である臼井茂信さん、機関車写真の大家として知られる西尾克三郎さんといった大御所の方々のお話を伺う機会があった。青山東男さんはじめ先輩方の音頭取りで「忘年会」を兼ねて一泊を語り明かすような貴重な時間であった。

国鉄蒸気機関車から入った鉄道趣味は、だんだんと深みに入っていくと、その先に「軽便鉄道」に至る、というような話になった。

だって、全国レヴェルできっちりと資料が残され、管理されている国鉄蒸気機関車に較べ、地方の名もなき小さな鉄道、雑多な軽便蒸気機関車は一筋縄ではいかない。臼井さんをして「450輛ほど輸入されたコッペルのうち、その1/3ほどはまだ使用された鉄道も解らないほど暗中模索」といわしむる存在なのだ。

ひとつひとつ解き明かしていく愉しみとともに、そこには想像を超えるような機関車があるかもしれないという期待とが、ふつふつと湧いてきたのを憶えている。先に紹介した

牧野俊介さんも、埋もれているものを発見する愉しみがある、と仰っていた。それは、記録として残しておくことの大切さ、でもある。

それがそのまま、世界の狭軌鉄道探索につながっているのは、手前ミソながら「奥深い趣味」にちがいない、といま以って思うところだ。

その「奥深い趣味」が、写真を撮ったり模型をつくったりだけではなくて、ホンモノの鉄道を維持する、という新しい活動になっている。その世界的な傾向が、わが国でも根付きつつあることに意を強くする。思い返せば、理想の軽便を夢見て小生もヴォランティア趣味活動に打ち込んだものだ。

「狭軌鉄道」の持つ趣味性、「蒸気機関車」の魅力、そんなものを少しでもお伝えしたいという本書の企画は、小生にとって「羅須」のヴォランティアにも通じるものといっていい。理想の軽便を発見紹介し、記録に残しておく旅、なのだから。

文末になったが、羅須地人鉄道協会の角田幸弘さん、相場二郎さん、丸瀬布「いこいの森」の小山信芳さんはじめ各鉄道の方々、発行元の小宮秀之さん、編集部の皆さんに謝意を表して結びとしたい。

糸魚川、東洋活性白土にお世話になっていた時代の「羅須地人鉄道協会」。5月の運転会での重連といつもの記念撮影。下は成田ゆめ牧場「まきば線」のボード。

2018年盛夏　　　　いのうえ・こーいち

著者プロフィール
■ いのうえ・こーいち　（Koichi-INOUYE）

岡山県生まれ、東京育ち。幼少の頃よりのりものに大きな興味を持ち、鉄道は趣味として楽しみつつ、クルマ雑誌、書籍の制作を中心に執筆活動、撮影活動をつづける。近年は鉄道関係の著作も多く、月刊「鉄道模型趣味」誌に連載中。主な著作に「C62 2ファイナル」「図説電気機関車全史」（メディアパル）、「図説蒸気機関車全史」（JTBパブリッシング）、「名車を生む力」（二玄社）、「ぼくの好きな時代、ぼくの好きなクルマたち」「C62／団塊の蒸気機関車」（エイ出版）、「フェラーリ、macchina della quadro」（ソニー・マガジンズ）など多数。また、週刊「C62をつくる」「D51をつくる」（デアゴスティーニ）の制作、「世界の名車」、「ハーレーダビッドソン完全大図鑑」（講談社）の翻訳も手がける。
㈱）いのうえ事務所、日本写真家協会、日本写真作家協会会員。
連絡先：mail@ 趣味人 .com

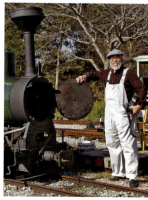
著者近影

クレジット；p041、p048、p051、p053、p060、p061、p062、p070など写真の一部は同行したイノウエアキコ撮影。

「世界の狭軌鉄道」04
日本の軽便鉄道

発行日	2018年10月1日 初版第1刷発行	
著　者	いのうえ・こーいち	
発行人	小宮秀之	
発行所	株式会社メディアパル	
	〒162-0813　東京都新宿区東五軒町 6-21	
	TEL 03-5261-1171	
	FAX 03-3235-4645	
印刷・製本	図書印刷株式会社	

© Koichi-Inouye 2018

ISBN 978-4-8021-1027-3　C0065

© Mediapal 2018 Printed in Japan

◎定価はカバーに表示してあります。造本には充分注意しておりますが、万が一、落丁・乱丁などの不備がございましたら、お手数ですが、メディアパルまでお送りください。送料は弊社負担でお取替えいたします。

◎本書の無断複写（コピー）は、著作権法上での例外を除き禁じられております。また代行業者に依頼してスキャンやデジタル化を行なうことは、たとえ個人や家庭内での利用を目的とする場合でも著作権法違反です。